JN411064

찔레꽃

조성인 시집

문학의전당

自序

설악 대청봉에 첫 눈이 내렸습니다.

봉우리마다 타오르던 단풍의 열기도 이쯤에서

쉬어가는 느낌입니다.

천 송이의 향과 꽃을 건넵니다.

허수아비처럼 어머니의 아픈 허리도, 다리도, 형의 귀향도

삶과 죽음의 갈림길에서 다시 태어납니다.

단대 신경과 이근호 교수님, 내분비 내과 김도희 교수님께

고개 숙여 깊은 감사 인사 올리며

구절초 꽃을 보며, 흙벽을 기웃거리고

물 생긴 프라향에서 아버지 모습 살아옵니다.

마지막으로 사랑의 깊이를 알게 해 준 정현 씨에게

마음으로 소국少菊 한 다발을 건넵니다.

2007년 늦은 가을

조성인

차례

1부 세한도를 읽다

토함 일출 • 13
청개구리 • 14
귀뚜리가 사는 집 1 • 16
귀뚜리가 사는 집 2 • 17
귀뚜리가 사는 집 3 • 18
세한도를 읽다 • 20
와당 • 23
8월의 크리스마스 • 24
천마도 • 26
석류꽃 1 • 28
성곡리의 봄 • 30
회이포에서 • 32
탱자울꽃 • 34
소쩍새 • 35

2부 무량사 시편

홍매화 • 39
동해까지 따라오는 달 • 40
어머니의 텃밭 • 42
무량사 시편 • 43
아그배나무 아래서 • 44
06' 겨울춘천 • 46
천남성 • 48
청령포에서 • 50
고드름 • 52
남포읍성 • 54
전라도 그 여자 5 • 56
전라도 그 여자 6 • 58
전라도 그 여자 7 • 59
전라도 그 여자 8 • 61
전라도 그 여자 9 • 62
전라도 그 여자 10 • 64
송도에 와서 • 66

3부 찔레꽃

찔레꽃 • 69
찔레꽃 2 • 71
찔레꽃 3 • 73
찔레꽃 4 • 75
찔레꽃 5 • 77
찔레꽃 6 • 78
찔레꽃 7 • 79
찔레꽃 8 • 81
찔레꽃 9 • 82
찔레꽃 10 • 83
찔레꽃 11 • 85

4부 주문진 일기

세 명의 친구 • 89
송도에서 길을 잃다 • 90
주문진 일기 • 92
매화꽃 전서 • 94
청평사엔 쏘가리 매운탕이 없다 • 95
아치형 하현달 아래 녹슨 자전거 • 96
꿈을 찍는 사진사 • 98
백목련 • 99
결혼 • 100
안개비 짙은 세상 • 102
금강암 • 104
금강암 추야 • 105
내장산 가을 • 108
속리산 • 109
대보름 • 110

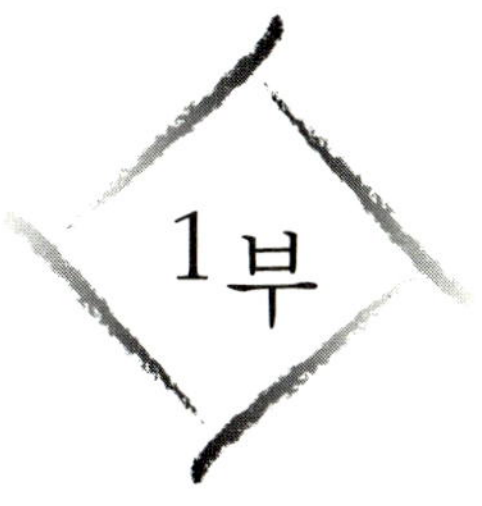

1부

세한도를 읽다

토함 일출吐含日出

끓어오르는
열정의 한 순간

아침 숲을 들썩이고
토함산을 옭조린다.

귓불을
스치고 도는
서굴 속으로 도는 햇살

벚꽃나무 가지마다
아프게 드러나고

진달래 빛 연등이
빈숲에 걸린다.

딱, 딱, 딱
아침 공양 짓는
딱따구리 한 마리

청개구리

청개구리가 대롱인다
나도 대롱인다

눈물이 하늘 끝 걸린
가장 가벼운 짐이다

냇가의 죽은 엄니의
거역하는 슬픔이다

마음속 물가 가벼운 돌
내 살며시 건네 놓고

저녁 때 돌같이 앉아
나를 또 지키고 서서

풀섶 위
아찔한 대롱
또 훔치는 눈물이다

씻기고 남은 그림자

홀로 지우며

아찔한 무덤의 하루
또 한번 지나느냐

울 엄니
빈 눈물 속을
또 헤집어 놓느냐

귀뚜라미가 사는 집 1

외진 벽
불빛이

닿지 않는
그늘

귀를
귀 기울여도
보이지 않던
이명耳鳴

겨울을
용케 견뎠구나.
외진 어둠
벽에서.

귀뚜라미가 사는 집 2

—지금, 낮은 소리로 우는 벌레는…

지금,
낮은 소리로
우는 벌레는…

시방
위험한 벌레
울음이
불편한 힘

서재의
익숙한 그곳
터져 나오는
길에서다

귀뚜라미가 사는 집 3

눈발이 쌓이고 기온이 급강하한 날에

옆 방 서재에서 귀뚜라미가 산다.

또르르

귀뚜리가 산다.

숲 속의 작은 방에

설 지나 윷놀이 시끌벅적 들려오고

서당 집 아이들 천자문 외우듯

또르르

책 읽는 소리

귀뚜리가 사는 집

이 밤 소리 없이 산야를 덮던 날에

박제된 귀뚜리가 부르는 슬픈 노래

불면의
밤을 지내고
버려진 귀뚜리

세한도歲寒圖를 읽다

희뿌염한 어둠 밖
가루가루 흩날리고

외딴집 늙은 솔 아래
세한도歲寒圖를 읽는다

눈 감고
내린 눈 속에
눈바람이 불어온다.

두인豆印도 못 찍고
자국 남긴 새 발자국

긁고 가는 붓 가운데
먹물 찍어 그은 한지

묵빛이
흘러 삭아도
어지러운 이 눈발

속 두텁던 백목련이
꽃잎을 열기까지

삭은 기둥 붙잡고
흘려 썼을 이백 시구

빈 가지
푸른 솔가지
추사 고택 마른 바람

동이에 막걸리 퍼 올리던 주모 궁둥이

무덤가에 피어난 마주보는 백송 한 그루

파드득
아픈 뼈마디
딛고서 오른다.

벌레 먹은 사과 하나
그 자리에서 썩어 가고

아픈 자리 도려내도
매양 그뿐인 걸

비릿한
연탄난로에
모여드는 슬픔이여.

와당瓦當*

둥글게 말아 올린
기왓장의 한쪽 끝

무덤 속 웃고 있는
햇살이 그려지고

깨어져
남은 조각이
해탈한 듯 피어난다.

*와당 : 가마의 마구리, 기와 항목 끝에 둥글게 난 부분

8월의 크리스마스

파랗게 질린 8월
무섭게 달려들 때

시민 탑 광장 위
사장의 바다 빛이 묻어 난다

한순간
멈춰 선 시간 위
눈발이 날린다.

사랑을 간직하고 떠난
8월생 사자 별자리

사진관에 걸려있는
액자 속 여인이

마음속
녹아내린 눈은
영화 속 슬픈 기억

쭈뼛거리는 슈퍼 주인
눈길이 모아지고

마음만 먹으면
눈을 만드는 스노머신

8월의
크리스마스엔
캐럴송이 들려올 듯하다

천마도天馬圖*

풀빛 도는 기운에
팔베개로 잠이 든다

말발굽 들어 비상을
꿈꾸는 날갯짓

무덤 속
말울음소리
들려올 듯하다

자작나무 껍질 속
구름을 가르고

미라가 되지 못한
금빛 유물 속에서

지름길
무덤 속 묏등

빈 먼지가 인다

*천마도 : 경북 경주시 천마총에서 나온 그림. 순백의 천마 한 마리가 하늘을 나는 모양을 그린 것. 국보 209호로 지정.

석류꽃 1

못내
피운

더운
열정으로

더듬어
보는

울담
밖

목
드민
까치발에

발목이
다
시리다

빗소리
그친 날에는

네가 더욱
그립다.

성곡리의 봄
—만해 생가를 찾아서

찬바람 사각사각 억새풀 스친 자리

초가집 지붕 위엔 음지 녘 잔설로 남아

오늘은 침의침묵이 휩싸고 돕니다.

댓잎 속살 마디마디
옹이로 긁힌 자리

둥지 튼 햇살 쪼아
그늘로 내리고

삼우제
나루ㅅ배와 행인
방명록에 새긴다.

차라리 머리 깎고
빈 숲에 들거나

깨진 주병酒甁 아래

다시 잡은 빈 하늘

먹빛이
흘러 삭아도
천 년 고이 흐르고

공약삼장 기틀 잡고
기미독립 선언문

전 세계 방방곡곡
풀빛되어 짙어오고

삼월의
들뜬 함성이
울림되어 퍼진다.

회이포에서

비 올 바람 들어서다 담쟁이덩굴 맺은

잎 장 몇 개 안타깝게
기어오르는 낯선 길 찾아

진휼청
낮은 바람에
삐걱이던 격자문

서문에 계단 딛고 망화분지 내려 본다

덩굴 딛고 오르는
푸른 머루 한 송이

서녘 놀
비낀 해무에
잊혀져간 어스름

너른 바다 바라보며 떠올리던 창끝 너머

선 채로 굳어버린
오랜 느티나무

백제 때
회이포* 라고
불리워진 바닷가

*회이포: 백제 때 불리워진 오천항의 옛 지명.

탱자울꽃

어느
조용한
겨울
진눈깨비
내리고

춘삼월
지나
쌓이는
눈발

탱자울
가시 침 넘어
하얀 꽃이
벙근다.

소쩍새

끊일까 에일까
몇 겹의 높낮이에

벽 오지 사르르
뜻 모를 흔들림이

멀리서
가까이에서
어지럽게 별이 진다

한 곡조 켜는 자리
서툰 손놀림에

어둠을 찢는
한 순간의 아픔이

골곡에
넋두리되어
온 하늘을 펼친다.

무량사 시편

홍매화紅梅花

조용히 열리는
찬바람의 근원

가미마다 숨 쉬는 꽃
머리맡에 터지고

화선지
한 점 먹물로 그은
빈 공간의 여백餘白

겨울이 묻어나는
꽃술 향기를 담고

문지방을 넘나들던
발자국 소리

그립던
사랑은 갔어라
날 흔들던 눈웃음.

동해까지 따라오는 달

동해까지 가는 고속버스 안에서

졸다가 깨어보니
저만치 높이에서

날 불러
바다로 간다
둘이 함께 빠져들자고

슬픔도 미움도
이별도 없는 곳으로

토끼를 꾀어내던
거북의 물속으로

달무리
둥글게 뜨던
긴 나의 가을 여행

동해바다 일출보다

더 붉게 물들이고

계곡에서 숲 속에서
흐르던 단풍까지

물마다
가을 숲 들던
한 계절이 흐른다.

어머니의 텃밭

텃밭을 일구면서 얻은

어머니의 더 넓은 텃밭

쓰레기장 옆으로 감자를 놓고
덕분에 대추나무 무성히 열리고
팽이 감 서른여섯 개 꼭지를 맺었다
이웃집 밭이랑 사이 열무와 무를 놓고
훈장님댁 사모님과 웃자란 무를 나누고
열매를 따고 또 따도 가지가 맺혔다.

대문 밖
가지마다엔
목화솜이 포근하다.

무량사 시편 無量寺 詩篇

겨울 숲은 빈 가지를 흔들고 있다.

늙은 목장승 내외가 바라뵈는 눈빛 너머

산감이 까치밥으로 남아 노을로 걸려있다
작살나무 휘인 가지가 가리키는 무진암戊辰菴 따라
대웅전 풍경소리 제 먼저 인사하고
매월당梅月堂 부도 앞에서 늙은 솔 눈발을 털고
질 나가던 오세신동 불교에 귀의하고
세조 찬탈 뒤에 구름같이 떠돌다
풍경은 낮은 흐느낌 목청을 낮춘다.
계곡을 흘러가며 얼음장이 피고

물결 속
피라미 떼가
계절 속에 묻어난다.

아그배나무 아래서

오월 매화처럼
작은 꽃이 벌더니

묵은 하늘 묻고서
작은 하늘 열린다.

유월은
덩굴장미가
우후죽순 피어난다.

현대아파트
키 큰 그림자 아래

생생한 너의 기억
빛으로 뜨고

크레인
드높은 첨탑尖塔
노을로 서성인다.

역사의 경계하는
가지 침 넘어

훈장 달듯 그렇게
떨고 텁텁한

아그배
나무 아래서
이 세상 꽃이 진다.

06' 겨울춘천春川

매년 들른 춘천역에 전철이 들어서고
눈 내린 겨울 숲이 고요 속 머문 시선
힘차게 물고기 떼가 계절을 차고 오른다

어저께 내린 눈 얼어

움츠린 이월에

소양호 잠긴 물에

금빛 물빛 띄우고

빈 가지
겨울 속으로
새 몇 마리 지워진다

물 때 앉은 아침을 빙어 춤추는 26호 마차

어항 속 퍼덕임조차 마흔하나 내 삶을 보다

옥수수 동동주 한 잔에 턱밑까지 숨이 찬다

제 성격에 못 이겨 죽는
빙어회를 삼키고

물 안에 굳어버린
겨울풍경과 빈 배 하나

봄꽃이
모난 돌에서
눈 속 향기로 묻어난다.

천남성

야생화 한 촉 갖길
늘 소망하면서

난과 식물 천남성 두 촉을 집었다

제 어미
속을 갉면서
나날이 또렷했다

꽃대 하나 피어 올리기
어려운 환경으로

독한 마음 풀어
품에 안고 살았네.

산 깊은
언저리에서
숨어살 듯 고루하게

따스한 별 햇살 뜨겁게 달구던 한낮

가끔은 비에 젖어 깊은 밤 꿈을 꾸다

포기 속
널 닮은 모습
다시 쓴다 네 얼굴

청령포 清?浦*에서

십오 세 단종의 유배지 청령포에서

나룻배도 닿지 않은 서강을 돌아

물소리
무서웠을까
밤마다 단종은

할아버지 세종을 부르다 잠이 들고

말 대신 타고 놀았을 관음 솔은

켜켜이
육백 년 세월
푸르게 자라났다

서녘 하늘 바라보며 쌓았을 돌남 넘어

고산대 깎아지른 강줄기 절벽 아래

초가에
굽은 솔 한 그루
떠오르는 기억아

*청령포 : 강원 영월군 남면 광천리 남서쪽으로 2km 지점에 위치해 있다. 세조는 단종의 왕위를 찬탈한 뒤 단종을 이곳 청령포에 유배시켰다. 청령포는 삼면이 깊은 강이고 뒤는 깎아지른 절벽으로 이루어져 있다.

고드름

하얀
처마 끝엔

몽울이
돋을 것 같다

잡목 사이
그려 넣은

묵은 길에
어지럼이 돈다

굽은 길
생각 깊이로

화목이
다 밝다

얼마나
많은 세월

얼마나 갈고 닦아야
눈물이 돌까

눈 오는 날은

쌓인 슬픔이
강을 이룬다

수정체
맑게 올려 본

세상은
요지경 속이다.

남포읍성*

계절을
흔드는

훗훗한
붓 터치
붉던
소나무

더 푸른
솔잎처럼

산성山城은
담쟁이덩굴
기어오르는
긴 하루.

이절
화선지 내려
농도가 선한

붓을 대고
채 못 그린

가을이
걸려있다

이 계절
탁주나 한 잔
정인 듯
품어야지

*남포읍성 : 충청남도 기념물 제10호로 지정. 보령시 남포면 소재. 왜구의 잦은 침입에 대비해 고려 우왕 때 쌓은 토성.

전라도 그 여자 5

우연히 연결된
여행사 그 사람

정주역 앞 그대를
기다리다 시간 흘러

그 사람
만나는 곳은
익숙한 기다림

그대가 왔다가
빈 가슴으로 돌아서면

어쩌나 하는 조바심이
꽃이 지듯 하염없이

광장에
그대는 없다
하늘바람*에 벚꽃이 진다

또 다시 그대를 만났다.
카페에서

어색한 커피 한 잔
그리고 그 무엇

우연히
사진 속에서
설레임 그 위에서

대상 타면 다시
연락하겠다는 그 약조

그대는 시집가서
어디서 살고 있나

지금은 체르니 백 번
건반 위를 달린다.

*하눌바람 : 평북 사투리 '하늬바람' 의미

전라도 그 여자 6

하우스 안
따스한 오후

국화꽃이
환하다

둘이는
햇살 속

둘이는
심각했네.

제 각각
무늬로 남아
꽃향기를
흘리다.

전라도 그 여자 7

은파물결 출렁이는 파란 그림자

벚꽃이 첫 눈처럼 떨어지던 가로등 아래

오월은
성훈이 형네로
집으로 이사를 갔다

가까운 이웃에 그녀가 살았네.
같은 과 나갔던 방학에

어느 날
포항서 온 편지
그대 모습 아롱지다

처음엔 금남의 집
그대를 사랑했네.

세 살 때 죽은 아빠
기억도 안 난다던

백일홍
꽃 피던 가지
원적암圓積巖을 오르다

장학금을 타고도
학교에 못 다니던

너 위해 노동의 새벽
이라도 열고 싶었다.

차라리
너 없던 자리
얼마나 원망스러웠던지

전라도 그 여자 8

양지 마른 곳 세 한 칸 얻어 살다

빙판 위 세월을 밀다가 엄마의 허리

언니와
소꿉장난이
새록새록
생각나더군요.

끝내
휴학계를 내고
여행사에 취업했던

졸업을
일 년 앞두고
장학금을 포기했던 너

숙이의
눈물 아픔을
이제 읽을 수 있었다.

전라도 그 여자 9

—신정읍사新井邑詞

벚꽃은 하릴 없이 빈 하늘을 흔들고

함께 줍던 단풍잎 앨범에 꽂아두던

낯익은
지난 세월의
기억들을 헤고 있다

상념의 언저리에 폭포를 쏟아내며

내장사 안채에는 풍경風磬이 이울던

네 소식
궁금한 날은
마음의 긴 사연을 적는다.

벚꽃이 달빛 아래 요요하게 들려오고

새소리 가까이에서 꽃잎 한 장 입에 물고

네 인생
망부석望夫石 으로 남아
익숙한 기다림은 아닌지

어긔야 어강됴리
아으 다롱디리

전라도 그 여자 10

보조개 고운 볼이 그렇게 곱던 여자

뜀박질을 잘하던 육상선수 그 여자

집 한 채
못 만들고는
떠돌던 첫 사랑 그녀

무등산 기차 타고 변절한 사랑으로

뺨을 맞던 그 사람 지금은 무얼 할까

내 사랑
망부석 닮아
단풍 곱게 물들이던

물소리로 흐르던 빛이 고운 이 가을

가미마다 맺은 물음 까치밥으로 남아들고

골마다
빛이 지난다
지난 세월 가늠하며

송도에 와서

뭍으로 겉돌던 뱃길도 끊기고

섬 하나 키우듯 그 섬을 떠나가면

물드는 가지마다엔 소금벌이 묻어난다.

만조의 바닷물 물에 잠긴 갈대숲

낮은 비행 준비하는 살진 오리 떼

삼월은 푸른 물들 듯 봄바람이 걸린다.

떠나지 못하고 내 안에 이는 바람

바다로 홀로 떠도는 빈 배

이제야 녹슨 총구 속 쑥 향이 맵다.

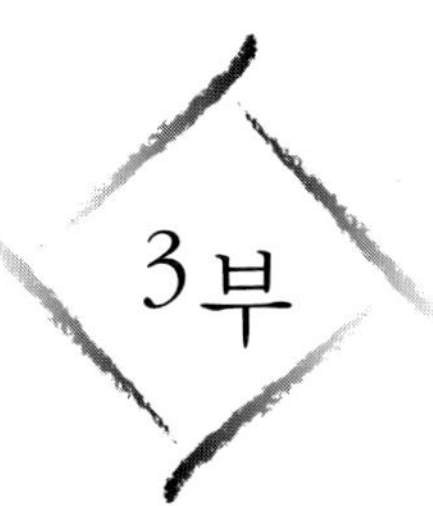

3부

찔레꽃

찔레꽃

산을 걷다 들리는
물소리 따라

헤픈 웃음 흘리는
가시 울 아낙

꽃무늬
허연 속살로
무너지고 있다.

가시에 긁힌 자국
핏망울이 서고

빨래터엔 찔레 순
고운 손 상처 돋아

푸른 빛
산 앵두알 속
봄이 가고 있었다.

비탈길 낮은 능선에
가시를 겨누고

돌아보는 이 있었을까
하염없이 꽃이 피었다

찔레꽃
맑은 하늘이
오월 길을 머문다.

찔레꽃 2

—풍산리 사람들

장맛비 젖고 다시 긋는 8월에

당신의 정착지 풍산리* 가는 꿈을 꾼다.

노랗게
애기 똥 풀이
무리지어 피어난다.

꺼먼 물이 들도록
함께 먹던 오디와

밭에 놓던 콩들이
무성한지 묻고 싶다

잘 자란 감자를 캐며
환이 웃던 그 사람

당신을 으스러지도록
안고 싶다

그렇듯 사랑을
확인하고 싶었다.

새우란 잘 자랐는지
다시 묻고 싶었다

*풍산리 : 충남 보령 미산면 소재의 지명.

찔레꽃 3

언덕을 오르다 미끄러지듯 그대 언 손

한 손을 얹고 녹이면 이불 속으로

밤새껏
눈은 쌓인다
기억인 양 포근하다

보이지 않던 하늘
내린 눈 가지 끝

산죽에서 들려오던 바지랑대 기억의 저편

그대의
젖가슴으로
까치밥이 붉다

짚을 넣은 항아리 우려 넣은 팽이 감

부엉이 새끼 자라는 벽오동 우는 밤을

호올로
오동의 기억
꽃술이 익는다.

찔레꽃 4
—이정숙 시인을 생각하며

누님의 꽃이 되어서야
찔레꽃이 맑습니다.

산비탈 혹은
마음의 빈 공간에

한 마리
나비가 되어
폴폴 날고 있겠지요.

눈빛이 되어 산 아래
언뜻언뜻 보이다

가시에 찔려버린
오월의 사랑아!

손등에
긁힌 상처가
묻고 있다 사랑을…

미산면 풍산리
누님에게 가는 길

물안개 풀어지는
사랑은 깊다

집 앞의
찔레꽃잎은
손이 가지 않던가요?

찔레꽃 5

각 능선을 돌아
끝없이 펼쳐지고

무리지어 피어나는
덧나는 흰 빛뿐

순결은
흰색으로 앉아
스스로 색을 놓다.

산 슬쩍 떠나서
부처가 되는 산사山寺에서

수많은 종소리
걸린 듯 노니는 듯

향기로
가득 퍼지던
내 안의 깊은 사유思惟

찔레꽃 6

—산 동백에게

야산에 올랐다가 빈 가슴으로 돌아오다

맑은 그대 목소리 개여울로 흘러 길을 만들다

산 동백 웃음꽃이 화한 모습으로 터진다.

화병에 꽂아두고 그대를 맞아도
진달래 화전으로 문풍지를 내걸어도
온다던 내 님 소식은 연락이 없드레요
산바람 새소리 정겹던 지저귐도
잘 말린 바람 속 햇볕에 묻었다가
파슬 한 차향茶香이 가득 알맞게 삭힌 세월
덤불 속 무성한 풀 길을 낸 명감 덩굴
손 뻗어 닿은 손 가깝고도 먼 길에

양지녘 봄비를 닮은 꽃 향이 머문다.

찔레꽃 7

—찔레무덤

누구도 범접치 못할
돋친 가시 지켜들고

하얀 꽃 물이든 채
무리지어 피어났다

오월은
흰나비 한 쌍
무덤가에 피어났다.

그녀를 만난 곳은 바다 둑이 가로지은 곳

고구려 유민이
서해로 흘러왔다

사월은
돌무덤 가에
돋아난 찔레무덤이다

바닷가 파도소리

농익은 자리로

광주리에 채워 넣던
조개랑 미역 따고

먼 하늘
순장의 곁에서
눈물 애써 훔쳤다

찔레꽃 8

보령호 오두막집 헤어진 18개월

답답한 가슴을 실려 보낸 호수길 따라

언덕에 올라서면서
찔레꽃이 망울졌다.

갈증을 채우던 빗줄기를 따라서

산 동백꽃차 은은히 감겨드는 차 한 잔에

대화는 막걸리 파전 한 장이
필요한 지도 몰랐다.

파란 슬레이트 낮은 지붕 사이로

딱, 따딱 빗방울이 자진모리로 들려오고

묵향墨香이 그려진 너의 시
아픈 기억 되읽는다.

찔레꽃 9

—장곡사, 구절초에게

낮은 골 이름 모를 산길을 따라서

저만치 피어난 구절초*야, 슬픈 언니야

벌 나비 능선 아래로 비로소 꽃길 열었다.

십일월이 간다. 꽃이 진다 구절초야

계절을 뒤로하고 놀이 붉게 걸리었다

산사의 오랜 세월이
낡은 기둥 나이테를 센다.

대죽으로 피어나는 안개비로 짙은 세상

빈 가지 붉던 잎까지 겨울 서리 맞는다.

산정호 흐르던 물빛
산국山菊으로 다시 핀다.

*구절초 : 들국화의 일종

찔레꽃 10

누님의 꽃이 되어서야
찔레꽃이 맑습니다.

산비탈 혹은
마음의 빈 공간에

한 마리
나비가 되어
폴폴 날고 있겠지요.

눈빛이 되어 산 아래
언뜻언뜻 보이다

가시에 찔려버린
오월의 사랑아!

손등에
긁힌 상처가
묻고 있다 사랑을…

미산면 풍산리*
누님에게 가는 길

물안개 풀어지는
사랑은 깊다

집 앞의
찔레꽃잎은
손이 가지 않던가요?

*풍산리 : 충남 보령시 미산면 소재의 지명.

찔레꽃 11

—자벌레의 꿈

자벌레 꿈틀거리던 내 안에 푸른 꿈이어요.

개나리 노란 꽃 아래 그날 텃새의 꿈의 온기를 나누던
보금자리 하얀 장미덩굴을 기어오르고

겨울은 얼싸한 손등에 피어나는 매서운 얼음장입니다.

4부

주문진 일기

세 명의 친구

문짝을 잘 만들어 대팻밥을 먹던 한 친구는 종합병원에서 만나고

얼마 전 철물점을 물려받은 친구는 장가 가서 아기 백일 상을 차린다는 연락이 왔다

욕장 가는 길에 카센터를 하며 기름때를 묻히던 한 친구 대학교 나와 시를 쓴다는 부끄러운 손을 감춘다.

송도에서 길을 잃다

물새 한 마리 낮은 비행이 시작되고

충청도 사투리가 인상적인 한 사내

조선소 망치 소리가 끊이지 않던 한낮

잔설이 남아도는
바다가 그리웠다

미끄러지고 넘어져도
물에 씻긴 갯바위

갈대가
물에 잠긴다
얼음장이 맺는다.

소나무가 많아서 불린 그 지명

발전소 연통 위
비산 먼지가 쌓이고

고향이
그리운 사람
못 떠나는 발걸음

자음을 찾아서 날아 간 철새 떼

막막한 바다에서
나는 길을 잃는다

난蘭 캐다
잃어버린 안경
세상살이 찾는다.

주문진 일기

바다를 보지 않고 바다를 말할 수 없듯

가을이 깊어가는 산골마다 쑥부쟁이

고택古宅의
가지마다엔
감빛이 다 붉다

바다를 떠나도 가을은 살아있다

비늘 기 파득이는
생채기를 맡고 나서

그물을
고치고 앉은
아저씨의 욕지거리

바다에 살아도 들리지 않는 파도소리

놀 보고 느껴도

안 써지던 시 한 구절

갈대꽃
폴폴 날리던
간지러운 바닷가

매화꽃 전서傳書*

살랑이듯 바람난 향기 가슴을 쓸어내립니다.

그리운 너에게 그리움도 적습니다.

매화꽃 반기는 소리 보고 싶단 사연 하나
지번도 받는 이 미상 ,반송 안 된 엽서가 쌓이고
전지된 상처자리 꽃향기도 띄웁니다.
반기는 분위기 실어 맑은 웃음 건넵니다.
잉크로 번져 펜 자국도 희미한데

우체국 안 첫 눈의 기억처럼 꽃향이 날리고

가버린 그 사람 눈물도 번집니다.
매화꽃 소인을 찍어 봄소식도 건넵니다.

* 전서傳書 : 편지 글.

청평사엔 쏘가리 매운탕이 없다

성근 눈발 내리는 04년 경춘선 야간열차

새벽 불빛이 지나고 소양호의 아침은 막 건져 올린 빙어 속처럼 맑은 영혼으로 살아나고 돌 사이 피어나던 들장미로 물안개가 풀어진다. 뱃길을 따라 해는 중천으로 떠돈다. 공복에 감자 술 한 잔 곁들이고 나니 취기가 오른다.

청평사 가는 길 얼음장 속 계곡물 흐르고
헐벗은 채 좌불하듯 멈춰 서 있다.

아치형 하현달 아래 녹슨 자전거

대천 천 해바라기 그리는 물줄기

이따금 연꽃이 물결 위 피어나고

녹슬은
자전거 한 대
그 누가 버렸을까

더위를 피해 몰려드는 사람 속

장기 한 판, 십 원짜리
고스톱에 드잡이하던

진공의
피이프에선
휘파람소리가 난다

자전거 속 물결이
잔잔히 흘러서

푸른 꿈이 자라
싹을 틔울 수 있을까

아치형
하현달 아래
녹슨 자전거

집비둘기 날개 접어
난간 윗 집을 짓고

다리 아래 아찔한
가을나기 준비에서

부리를 맞출 때에야
체온을 느낀다.

꿈을 찍는 사진사

윤희 돌 때
꿈을 찍는 사진사

몸에 손이 닿을 때마다
간지러운 눈웃음

벙글 듯
개나리꽃 열 듯
계절이 묻어난다.

파란 보리밭에
청보리 피어나듯

푸르게 자란 얼음골
자꾸 간지러워

음지녘
꿈이 자라듯
그렇게 푸르러라

백목련

엽서를
붙이러
간

우체국
길가

두터운
속살 털고

깨어나는
한순간

백목련
물감을 찍은
우윳빛
건물 아래

결혼

—주부형 결혼을 축하하며

섬마을 여인과
석수장이 형이

돌가루 날리는
이어니 재에서

산 소국
짙은 향기로
초례청을 맞습니다.

첫 눈이 내리던 날
솜사탕처럼 맑은

하늘도 깨끗한 대지
속속들이 채워지고

잔설의
음지 녘까지
채워지게 하소서

색선이 고운 날
휘날리던 하늘까지

논이랑 새 날리던
억새 꽃 핀 자리

부처의
돌가루 날리던
계절은 또 갑니다.

안개비 짙은 세상

—鳴川 이문구 선생님 영전에

당신 남고 돌아 온 날
봄비는 나립니다.

병실 더욱 야윈 모습
미소마저도 엷게 띠우고

당신 손 따스한가요.
눈물마저 메마르고

살구나무 가지마다
눈물 꽃 만들고

박제된 슬픔 같던
눈썹 짙던 이단아!

이급 수
빙어 속처럼
비워두고 가고 싶다

당신 혼자 가시는 날

안개비로 짙은 세상
어느 삭신 안 아픈
몸뚱이 하나 없고

이 세상
편히 살라고
되돌아 올 세상 빛

관촌冠村마을 부엉재에서
화장 유해 뿌려질 때

눈물 한 줌 보이고는
봄날은 스산한데

이층 집
생가 뒤편은
봄꽃이 아프게 걸렸다.

금강암金剛巖

삭풍을 적시는 빈 가지 위 찬바람 낮보다 일찍 기우는 산 그림자 떨어지고 산국山菊은 풀벌레 소리에 낮은 귀를 기울인다.

양지에 불 밝히고 흔들리던 그림자 건너 뒤따르던 눈발은 어느 덧 사그라지고 계절은 까치밥으로 남아도는 풍경風磬소리.

사찰의 새벽은 예불소리에서 온다. 아궁이에 삭정이 꺼풀 긁어모아 색 바랜 시간 속에서 그림자가 묻어난다.

까치소리 몰고 온 우체통 시집 한 권 시 쓰는 주지스님 시집을 품에 안고 눈 내린 숲길이 깰 때까지 오지에 남으리라*

*『눈 내린 숲길이 깰 때까지 오지에 남으리라』: 변윤 금강암 주지스님 시집명.

금강암 추야金剛巖 秋夜

억새풀 사각이던
계절도 멍이 들어

잎 끝으로 타오르던
색 단풍 열정도

떨리던
가을 물소리
호수 깊게 떨려온다

산사에 오르는
산길 마다 타는 계절

천 년을 지탱해 온
흙벽에 기댄 채

세월 속
미륵불 닮은
느티나무 합장合掌한다.

으스름 저녁은 질흙같이 무서웠다

길게 누운 불길 따라
그림자가 그려지고

한낮은
겨우살이 준비에
장작 패는 하루 해.

산죽의 아픈
휘파람 소리

줄줄줄 개여울 딛고
디딤돌 건너던

그 옛날
산중의 소리가
낯설지 않더군요.

낮은 귀를 기울여도

추억을 더듬어 봐도

상전벽해桑田碧海, 앗아간
당신은 누굽니까

기억은
물줄기 따라
재를 넘고 있겠지요?

*금강암 : 미산면 용수리 산 57번지. 대한불교 조계종 한 사찰.

내장산內藏山 가을

야간열차 몸을 싣고
단풍구경 가자고

불씨 하나 틔어 놓고
타오르던 산불같이

산사에
울리는 쇠종소리
계곡마다 실려 온다

산안개 가리워
보이지 않던 산

물소리 실린 계곡
감빛 붉게 걸리고

이제야
걷잡을 수 없는
산불 또 만나다.

속리산(俗離山)

—화양동 계곡에서

길에서 길을 떠나
산 첩첩疊疊 멀어지면

구름에 가리어서
반달이 지워지고

먼데서
불빛이 한 점
지등紙燈처럼 흔들렸다

플라타너스 산책로 따라
생각 깊이 걷다보니

물소리 가까이
목 쳐드는 왜가리

속리산
푸른 산자락은
속세에 드는갑다.

대보름

방패연을 날리고
쥐불 놓던 아이들

빈 깡통을 돌리던
동근 달 같던 소원을

둑으로
달래 냉이를 캐던
바구니의 설렘을…

푸른 보리밭을 밟던
삼월이 가면서

발자국 선명한
그대 발자취 따라

먼 산을
딛고 오르던
둥근 달의 기억에서

휘영청 둥근 달
떠오른 먼 산 위를

아이들도 그림자도
지워진 거리에는

왜 이리
황홀하게도
동백꽃은 피던지?

마음의詩 20
찔레꽃

초판인쇄 2007년 12월 15일
초판발행 2007년 12월 20일

지 은 이 조성인
펴 낸 이 김충규
펴 낸 곳 문학의전당
출판등록 제387-2003-00048호(2003년 9월 8일)

주 소 152-841 서울특별시 구로구 구로 6동 97-1 로얄프라자 206호
전화번호 02-852-1977
팩시밀리 02-852-1978
블 로 그 http://blog.naver.com/mhjd2003
전자우편 mhjd2003@naver.com

ISBN 978-89-91006-72-0 03810

* 이 책은 충남 보령시 문예기금을 받았습니다.